Le Ginkgo

PETIT GUIDE DU BIEN-ÊTRE

LE GINKGO

GINKGO BILOBA

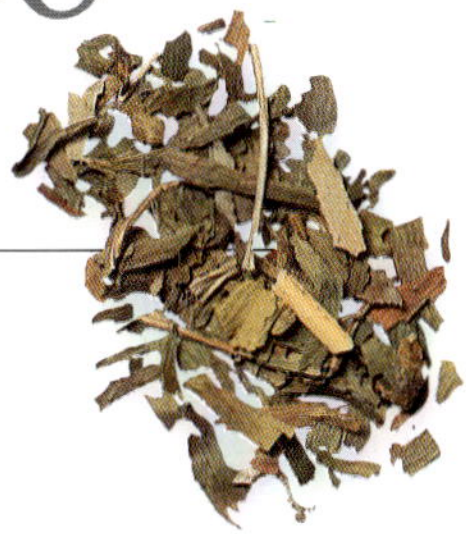

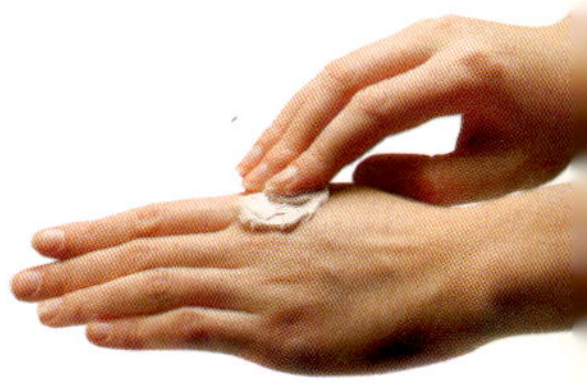

JILL ROSEMARY DAVIES

KÖNEMANN

Titre original :
In a Nutshell Ginkgo

Traduction : Manuel Boghossian

Réalisation : mot.*tiff*, Paris

Fabrication : Ursula Schümer

Impression et reliure : Sing Cheong
Printing Co. Ltd.

Imprimé à Hong Kong, Chine

NOTE DE L'ÉDITEUR
Les informations contenues dans ce livre ne sauraient remplacer un avis autorisé. Avant toute automédication, consultez un praticien ou un thérapeute qualifié.

ISBN 3-8290-3657-4
10 9 8 7 6 5 4 3 2 1

Crédits photographiques :
A–Z Botanical Collection : p. 7, 8h.
Bridgeman Art Library : p. 10b, Guildhall Library, Corporation of London.
Corbis/Paul Scheult, Eye Ubiquitous : p. 11.
Garden Picture Library : p. 12, 24h, 27b, 48h.
Image Bank : p. 13, 20h, 22, 29h, 51.
Images Colour Library : p. 19hg.
Science Photo Library : p. 14h, 16, 20b, 25b.
© 1999, Steven Foster : p. 28b.
Stock Market: p. 8b, 18, 50t, 52.

Bien que le ginkgo se soit éteint pendant les périodes glaciaires, il a survécu en Asie, notamment en Chine, où son statut d'arbre sacré lui a valu d'être maintenu en vie jusqu'à nos jours. Les peintures représentant des ginkgos sont nombreuses dans les temples chinois, et les Japonais en ont planté autour de leurs monastères il y a mille ans.

De l'avis de certains botanistes, seules certaines parcelles de forêts de l'est de la Chine compteraient encore des ginkgos poussant à l'état sauvage depuis des millénaires. Partout ailleurs, il s'agit de spécimens introduits par l'homme et cultivés en raison de leurs qualités ornementales, de l'ombre qu'ils dispensent, de leurs vertus médicinales et de leur résistance inouïe à toutes les formes de pollution urbaine.

CULTURE INTENSIVE

Les feuilles de ginkgo disponibles dans le commerce proviennent le plus souvent de Chine, du Japon, de Corée, de France et du sud-est des États-Unis, mais il existe également des plantations de ginkgos en Belgique, aux Pays-Bas et en Allemagne.

CI-DESSUS *Le ginkgo est souvent cultivé pour ses vertus médicinales.*

SOLS REQUIS

Le ginkgo s'adapte à presque tous les types de sol. Cependant, pour la culture intensive, il est préférable de choisir un sol riche en humus et en azote afin de lui offrir des conditions comparables à celles qui sont les siennes dans la nature, où il pousse dans des forêts mixtes – comprenant à la fois des essences à feuilles caduques et à feuilles persistantes – et sur des sols recouverts d'une épaisse couche de feuilles en décomposition. La culture du ginkgo ne nécessite l'usage d'aucun produit chimique, car cet arbre semble pouvoir résister à toutes les maladies.

CI-CONTRE *Le ginkgo figure sur nombre de peintures des anciens temples chinois.*

Médecine traditionnelle

LES FEUILLES ET LES GRAINES *de ginkgo sont utilisées en médecine et dans l'alimentation depuis plusieurs millénaires. L'abondance des connaissances empiriques sur cet arbre étonnant ne laisse aucun doute sur son innocuité et son efficacité thérapeutique, à condition de prendre des doses raisonnables. Aussi le ginkgo mériterait-il de faire davantage partie de notre vie quotidienne.*

CI-DESSUS ***Charles Darwin (1809-1882) s'est penché sur l'évolution du ginkgo.***

Qualifié par Charles Darwin de « fossile vivant », le ginkgo est le plus ancien de tous les arbres. Il est apparu il y a 200 millions d'années, à l'époque où les premiers oiseaux firent leur apparition et où vivaient les plus gros dinosaures ayant jamais existé. Le règne végétal était alors dominé par les conifères, et le ginkgo est resté apparenté aux pins et aux épicéas plus qu'aux autres arbres à feuilles caduques.

L'usage du ginkgo à des fins thérapeutiques est relativement récent si on le compare à l'ancienneté de cette essence, mais il a tout de même commencé dès les débuts de l'humanité, il y a environ deux millions d'années. Le nom de « ginkgo » vient du mot chinois *yinhsing*, qui décrit les fruits de l'arbre et signifie « abricot argenté ». Le terme latin « biloba » désigne les feuilles, qui ont souvent deux lobes, évoquant la forme d'un cœur humain. Parfois, ces feuilles peuvent avoir trois ou quatre lobes, rappelant alors des espèces plus anciennes de ginkgo dont des fossiles ont été découverts en Chine.

CI-CONTRE ***Le ginkgo est l'une des plus vieilles espèces d'arbres.***

CI-CONTRE
À Hiroshima, au Japon, le ginkgo est miraculeusement parvenu à survivre après l'explosion de la bombe atomique. Ce bâtiment se trouvait au centre de l'explosion qui a anéanti la ville en 1945.

USAGES TRADITIONNELS

C'est en faisant des essais, et donc des erreurs, et en se fiant à leur forme et à leur odeur, que les premiers hommes ont découvert les propriétés des plantes. Le ginkgo n'a pas fait exception à la règle : selon les témoignages les plus anciens, ses épines étaient utilisées pour percer les abcès et consommées en décoction pour réduire les enflures. Les hommes ont également appris que les fruits du ginkgo provoquaient des éruptions cutanées, mais que ses graines et ses feuilles possédaient des vertus médicinales.

En Chine, l'utilisation du ginkgo à des fins thérapeutiques est clairement attestée depuis plus de 5 000 ans dans des textes comme le *I Ching*, (Livre des métamorphoses). Le ginkgo se caractérise notamment par une résistance exceptionnelle aux insectes, à la pollution et aux parasites. Il a été démontré que l'enveloppe des fruits ne laisse entrer aucun microbe, ce qui explique que cette essence ait pu traverser les millénaires. La résistance du ginkgo n'a jamais été aussi bien mise en évidence que lors de l'explosion atomique d'Hiroshima au Japon. Au lendemain du drame, des graines intactes ont été retrouvées, et des arbres, même endommagés, ont commencé à pousser.

En 2800 avant notre ère, les feuilles de ginkgo étaient déjà utilisées pour recouvrer et améliorer la mémoire, tandis que ses graines servaient à traiter les maladies des bronches et à favoriser la circulation sanguine et la digestion.

Anatomie du ginkgo

LES GINKGOS *ornent souvent nos villes, mais la préférence est généralement donnée aux arbres mâles qui ont de plus grosses fleurs et qui, contrairement aux arbres femelles, ne portent pas de fruits à l'odeur désagréable. Le ginkgo est également appelé arbre aux quarante écus en raison du scintillement de ses feuilles qui se parent en automne d'une couleur jaune d'or .*

CI-CONTRE ***Les fruits du ginkgo ne poussent que sur les arbres femelles.***

FEUILLES

Les feuilles du ginkgo sont couramment utilisées en herboristerie. Leurs lobes en éventail sont d'un vert éclatant au printemps et d'un jaune d'or en automne (*voir* page 7). Un peu plus claires sur le dessous, elles sont souples et légèrement huileuses et brillantes. Une fois cueillies, elles prennent rapidement la consistance du papier et se fendent facilement. Elles mesurent environ 10 cm de large et 7 cm de long. Leurs nervures sont bien espacées et rayonnent à partir de la base du limbe.

CONSERVATION DES FEUILLES

Les feuilles ne se conservent qu'un an. Au-delà de ce délai, il vaut mieux les remplacer par des feuilles nouvellement récoltées.

GRAINES

Les graines du ginkgo femelle sont elles aussi utilisées à des fins thérapeutiques. Elles sont entourées d'un fruit charnu ressemblant à une prune jaune verdâtre. Les fruits apparaissent en automne à l'extrémité de rameaux rattachés à des branches plus épaisses et feuillues, et pendent par groupe de quatre ou cinq comme des cerises. Leur odeur est particulièrement détestable. À l'intérieur de chaque fruit se trouve une graine comestible à l'odeur agréable.

CONSERVATION DES GRAINES

Conservez les graines fraîches au froid et consommez-les dans un délai de 3 à 5 jours. Séchées, elles se conservent longtemps et gardent leur pouvoir germinatif pendant des siècles.

Composition chimique

La composition chimique des feuilles et des graines de ginkgo est la même, mais les proportions varient légèrement. Feuilles et graines contiennent plusieurs groupes de flavonoïdes de bonne qualité (*voir* page 56), dont la ginkgétine, la bilobétine, la quercitine, le kæmpférol et l'isohamnétine. Elles contiennent également des terpènes, des flavoglycosides (hétérosides du ginkgo), des anthocyanines, des pro-anthocyanidines, des lactones et divers acides organiques. La combinaison de ces composants protège et « répare » l'organisme. Le ginkgo doit sa résistance hors du commun à cette composition chimique unique, que les laboratoires pharmaceutiques s'évertuent en vain à synthétiser. Tous ces éléments sont également présents dans les racines de l'arbre, mais leur utilisation paraît difficilement réalisable en raison du temps qu'elles mettent à se développer, et injustifiée du fait de l'utilité déjà très grande des feuilles et des graines.

CI-DESSOUS ***Les forêts du Xingjiang (Chine), patrie du ginkgo, dégagent une atmosphère des temps primitifs.***

Le ginkgo à l'acte

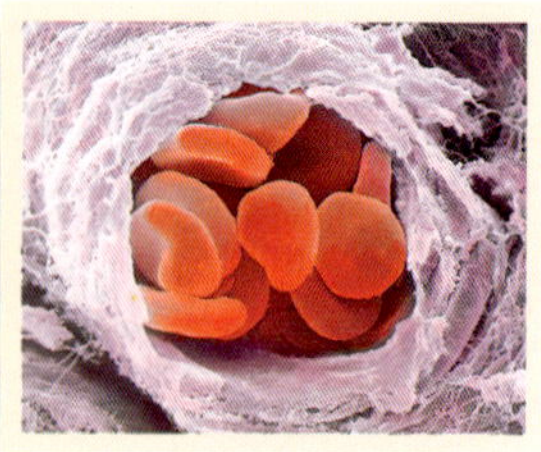

CI-CONTRE ***Le ginkgo stimule la circulation sanguine dans tous les vaisseaux.***

LE GINKGO EST UTILISÉ *depuis des millénaires, notamment en Chine, pour soigner un grand nombre d'affections. L'une de ses principales propriétés est sa capacité à accroître le débit sanguin dans les vaisseaux vieillissants du cerveau notamment.*

LES PROPRIÉTÉS DU GINKGO

- En augmentant l'afflux de sang vers le cerveau, le ginkgo stimule la mémoire, la vivacité d'esprit, la vigilance et d'autres activités cérébrales, et soulage certains types de dépression.
- En tant que stimulant général de la circulation, il augmente l'apport en oxygène dans l'organisme, soigne les troubles cardiovasculaires et améliore l'état de santé général en redonnant de l'énergie et en ralentissant le processus de vieillissement.
- Aiguise les sens, notamment la vue et l'ouïe, et soigne de nombreux troubles qui leur sont associés. Le ginkgo est également efficace dans le traitement des troubles de l'équilibre et des vertiges, comme la maladie de Ménière.
- Véritable destructeur de radicaux libres, le ginkgo protège l'enveloppe des cellules cérébrales et tous les autres tissus du cerveau contre les agressions, ce qui permet de conserver un corps et un esprit jeunes, alertes et en bonne santé.

CI-CONTRE ***L'amélioration des fonctions cérébrales est l'une des principales propriétés du ginkgo.***

- Favorise le fonctionnement des neurotransmetteurs dans le cerveau, et améliore les fonctions mnésiques et la rapidité d'esprit. Cette propriété est utile pour combattre la dyslexie, l'amnésie, la dépression et la sénilité.
- Aide à lutter contre les troubles du système nerveux central et périphérique car il protège l'enveloppe des nerfs contre certains types de détérioration comme l'usure ou la rupture (souvent liées au stress). Cette enveloppe qui recouvre les terminaisons nerveuses est appelée « gaine de myéline ». Le fonctionnement du système nerveux est stimulé par une bonne circulation sanguine.
- Équilibre et régule le métabolisme cérébral en raison de son action stimulante sur la circulation sanguine et sur l'apport accru en oxygène et en glucose. Des études cliniques ont récemment montré que, bien que ne comptant que pour 2 % dans le poids corporel total d'un individu, le cerveau monopolise 20 % de l'oxygène circulant dans l'organisme, alors même qu'il ne dispose pour ainsi dire d'aucune capacité de stockage. Le manque d'oxygène affecte non seulement le cerveau, mais également le cœur, les poumons et les muscles.

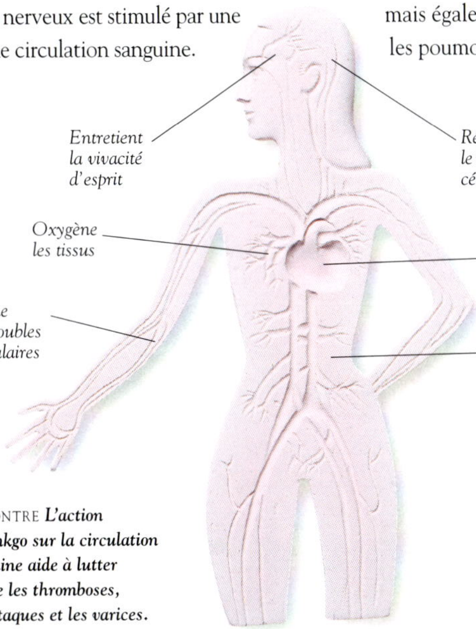

CI-CONTRE ***L'action du ginkgo sur la circulation sanguine aide à lutter contre les thromboses, les attaques et les varices.***

ACTION THÉRAPEUTIQUE DU GINKGO

❧ En augmentant le flux sanguin, le ginkgo relève le taux d'oxygène et de glucose dans tout l'organisme, améliorant ainsi son fonctionnement et les performances physiques et intellectuelles.

❧ L'augmentation du flux sanguin exerce une influence bénéfique sur le système cardiovasculaire. Lorsqu'il s'épaissit et devient visqueux, le sang ne circule plus bien et tend à s'amasser et à stagner (agrégation des plaquettes). Il peut en résulter des crampes musculaires douloureuses (prémenstruelles ou non), la formation de caillots, l'apparition de varices, ainsi que des phénomènes d'embolie ou de thrombose. Grâce au ginkgo, le sang redevient fluide et son débit s'accroît.

❧ Renforce l'enveloppe des globules rouges et les parois des capillaires sanguins, améliorant ainsi leur efficacité.

❧ Favorise le fonctionnement du système immunitaire. Le ginkgo possède des propriétés antibactériennes, antifongiques et antivirales qui aident à lutter contre différentes maladies infectieuses ou allergiques comme l'asthme, le rhume des foins et la candidose.

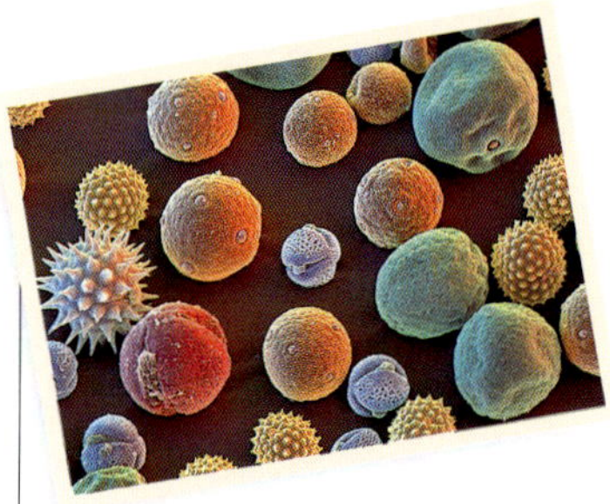

CI-DESSUS ***Le ginkgo aide les globules blancs à combattre l'infection.***

❧ Aide les globules blancs à combattre quantité d'infections plus ou moins graves, et limite les réactions disproportionnées du système immunitaire responsables de certaines inflammations, comme cela arrive en cas d'arthrite, de rhumatismes, d'asthme ou d'hépatite B.

EFFETS

❧ Protège le cerveau contre l'amnésie et est donc utile aux personnes atteintes de la maladie d'Alzheimer ou d'autres formes de démence.

❧ Accélère le débit d'informations transmises et améliore ainsi la mémoire à court terme. Il est donc utile aux étudiants de tous âges en période de révisions et d'examens.

❧ Donne de l'énergie et aide ainsi à se comporter de manière positive en société.

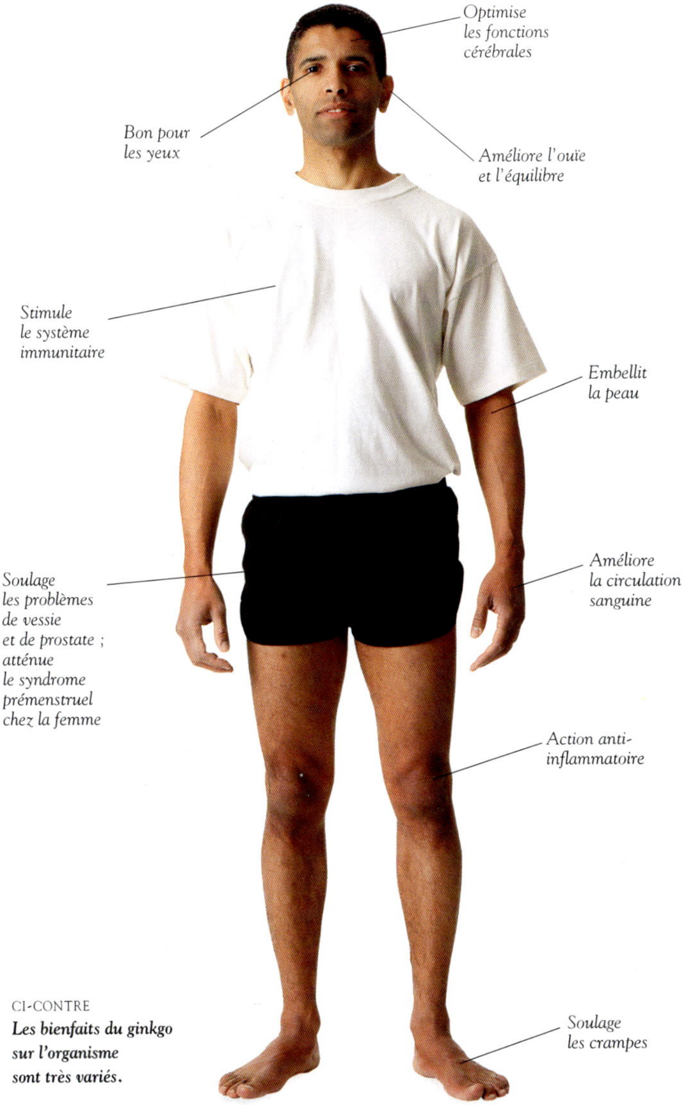

CI-CONTRE
Les bienfaits du ginkgo sur l'organisme sont très variés.

- Peut aiguiser le sens de la coopération et l'esprit d'initiative, augmentant ainsi le courage et les qualités de leader au sein d'une équipe.
- Améliore la qualité du sommeil et la concentration durant les heures de veille, créant ainsi un cycle équilibré.
- Peut améliorer la vue en prévenant les facteurs dégénératifs et en réparant les dommages tels que le durcissement du cristallin ou le raidissement des muscles oculaires.
- Améliore l'ouïe et soulage les bourdonnements grâce à un apport accru en oxygène qui protège le minuscule réseau cellulaire et vasculaire nécessaire à l'audition.
- Soulage toutes sortes de crampes musculaires, des spasmes utérins prémenstruels aux contractions liées à l'accouchement en passant par les crampes aux jambes ressenties par les coureurs, les cyclistes et les marcheurs.
- Rend les réponses allergiques plus efficaces, car en plus de combattre les invasions bactériennes, le ginkgo modère les réactions disproportionnées du système immunitaire, qui peuvent avoir lieu au cours de certaines maladies. Le dérèglement du système immunitaire peut produire un affaiblissement général de l'organisme et favoriser les crises d'asthme, le rhume des foins, les éruptions cutanées, les saignements de nez et les difficultés respiratoires.
- L'action anti-inflammatoire du ginkgo peut aider à réduire les tuméfactions et les douleurs associées à l'arthrite, aux rhumatismes et aux troubles prémenstruels.
- Permet à la peau de rester lisse et en bonne santé, et de conserver toute sa jeunesse et son élasticité.
- Exerce une influence bénéfique sur le système hormonal : juste avant les règles, il arrive que les

CI-CONTRE *Certains sportifs choisissent le ginkgo pour lutter contre les crampes.*

CI-DESSUS ***Le ginkgo peut aider les femmes qui souffrent de symptômes prémenstruels.***

femmes produisent trop d'aldostérone et pas assez de progestérone, ce qui entraîne des rétentions d'eau et d'autres effets secondaires susceptibles de provoquer des dorsalgies, des céphalées et un gonflement des seins. Les rétentions d'eau peuvent être à l'origine d'une porosité des vaisseaux sanguins en raison de la pression qui s'exerce sur eux.

À condition de dormir suffisamment, d'avoir une alimentation saine et équilibrée (relevée avec un peu de sel de bonne qualité) et de ne pas souffrir de problèmes intestinaux ou hépatiques, le ginkgo peut aider les femmes à se débarrasser de ces symptômes désagréables et à retrouver calme et sérénité.

- Aide les hommes qui ont des troubles de l'érection, ou qui souffrent de problèmes de prostate ou de vessie.

ÉTUDE DE CAS : CIRCULATION

Mme C. avait toujours eu les extrémités froides et souffrait chaque hiver d'engelures et d'engourdissement des doigts. De plus, ses jambes étaient couvertes de varices saillantes qui se rompaient facilement et formaient des ecchymoses au moindre petit choc.

Plus tard, elle commença à faire de l'hypertension. À 67 ans, elle décida de consulter à la fois son médecin généraliste et un phytothérapeute. À sa grande surprise, tous deux lui prescrivirent du *Ginkgo biloba*, le premier sous forme de comprimé et le second sous forme de teinture, et lui recommandèrent un régime et des exercices spécifiques. Après seulement quelques semaines de traitement, Mme C. constata une nette diminution de ses varices et ne craignit plus de recevoir les caddies de supermarché dans les jambes – ce qui autrefois provoquait immanquablement des saignements et des ecchymoses considérables. Ses membres se réchauffèrent, elle n'eut plus les doigts gourds et – chose inattendue – se sentit plus vive et plus rapide d'esprit. Enfin, sa pression artérielle s'améliora à un tel point que son médecin envisagea de réduire son traitement hypotenseur.

TABAGISME

Sa capacité à neutraliser l'action des radicaux libres permet au ginkgo de limiter de façon appréciable les dégâts provoqués par la consommation de tabac. Il est d'un grand secours aux fumeurs, dont le système cardiovasculaire est rendu moins efficace en raison du manque d'oxygène. En outre, les engrais utilisés dans la culture du tabac contiennent souvent des substances radioactives ; certains fumeurs présentent donc un taux cumulé de radioactivité correspondant à une exposition quotidienne aux rayons X.

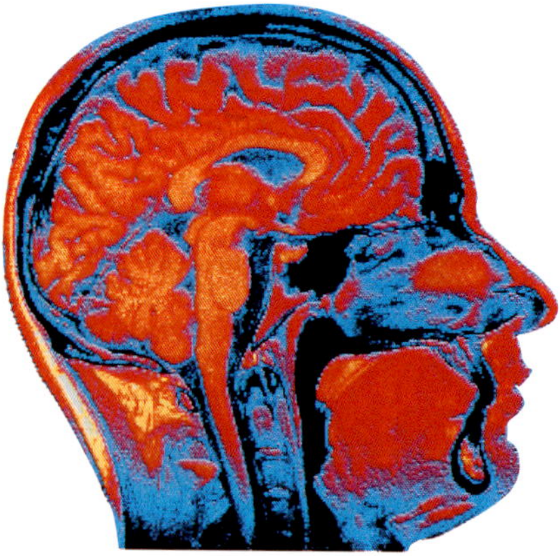

CI-DESSUS ***Le ginkgo est particulièrement efficace dans le traitement des troubles du vieillissement (comme la perte de mémoire), des démences génétiques et de la baisse des facultés cérébrales.***

CI-DESSUS ***Le ginkgo réduit les effets de l'exposition au rayonnement ambiant.***

RAYONNEMENT

Les voyages en avion et les équipements électriques modernes, comme les ordinateurs ou les fours à micro-ondes, augmentent l'exposition aux rayonnements nocifs. Aussi est-il recommandé aux personnes à risques de prendre régulièrement du ginkgo.

Le ginkgo est également capable de réduire la teneur du sang en substances œstrogènes et en radicaux libres, éléments qui tuent les cellules en s'attaquant à leur structure chromosomique. Les dommages ainsi causés sont notamment responsables de certaines malformations constatées chez nombre de bébés nés dans la région de Tchernobyl après la catastrophe nucléaire.

EN RÉSUMÉ

Le ginkgo rend le corps énergique et satisfait aux principales exigences de la vie. En raison de son effet sur la circulation, il favorise l'approvisionnement de notre organisme en substances vitales comme l'oxygène, les enzymes, le glucose ou les hormones, et contribue à l'élimination des déchets organiques et des toxines qui provoquent des maladies et accélèrent le processus de vieillissement.

La neutralisation des radicaux libres permet de protéger nos organes contre les dangers qui les guettent. Le ginkgo empêche la formation de facteurs d'activation des plaquettes (PAF) en réponse à des réactions allergiques communes ; il représente ainsi une aide considérable dans le traitement des maladies cardiaques et de l'asthme.

RÉSULTATS PROUVÉS

Plusieurs études ont été menées par des chercheurs de l'Université d'Aix-Marseille afin de savoir pourquoi le ginkgo permet de corriger les troubles de l'équilibre, notamment en cas d'acouphène, de maladie de Ménière ou de vertiges sévères. Ils ont montré que le ginkgo exerce une influence bénéfique sur les canaux semi-circulaires de l'oreille par l'effet réparateur et stimulant qu'il produit sur le système cardiovasculaire et la circulation. Le siège de l'équilibre se trouvant dans l'oreille interne, le patient perd tout ou partie de son aplomb.

CONTRE-INDICATIONS

Consommés en quantité raisonnable, les feuilles et les graines de ginkgo ne représentent en général aucun danger pour la plupart des gens. Aucun effet indésirable n'a été observé à ce jour, mais certains spécialistes recommandent tout de même de se méfier des graines dans certains cas (*voir* page 42 pour les précautions à prendre durant la grossesse). Il est également à noter que l'extrait de ginkgo hautement purifié, qui n'est que la concentration de certains des composants chimiques du ginkgo, produit des effets différents de ceux de la plante non raffinée. Les effets de l'extrait purifié commencent tout juste à être connus, alors que ceux des feuilles et des graines brutes le sont depuis des millénaires. Aucun effet secondaire n'a toutefois pu être constaté à ce jour.

RADIATIONS ET CONVALESCENCE

La résistance du ginkgo aux radiations a été une fois de plus prouvée par la germination d'une graine sur le site même de la catastrophe nucléaire de Tchernobyl. Les personnes suivant une radiothérapie pour soigner un cancer tireront profit d'une cure de ginkgo une fois leur traitement terminé.

Énergie et psychisme

LA GRAINE DU GINKGO *est douce-amère, légèrement astringente, mais assez insipide. En comparaison, la feuille a un goût plus prononcé : elle possède l'amertume de la graine, mais à un degré moindre, sa douceur et son astringence sont plus subtiles. Elle dégage en outre une légère odeur qui rappelle vaguement celle du tabac.*

CI-CONTRE ***En médecine chinoise, le ginkgo est assimilé au feu.***

Selon la médecine chinoise, l'amertume du ginkgo permet de refroidir et de tonifier tous les organes et systèmes corporels. Son usage est également préconisé dans le traitement de certains dysfonctionnements cardiaques. Étant assimilé au feu, il a pour indication classique l'hypertension artérielle causée notamment par une alimentation trop riche en graisses animales et se traduisant par ralentissement du flux sanguin. Les feuilles de ginkgo permettent de fluidifier le sang dans tout l'organisme. Par ailleurs, leur amertume refroidit et soulage les inflammations, et élimine le cholestérol et les dépôts de graisse dans les artères. Elle fait contrepoids à la lenteur et la stagnation du sang en le fluidifiant. Les médecins chinois considèrent que l'amertume du ginkgo pénètre dans le cœur et l'intestin grêle.

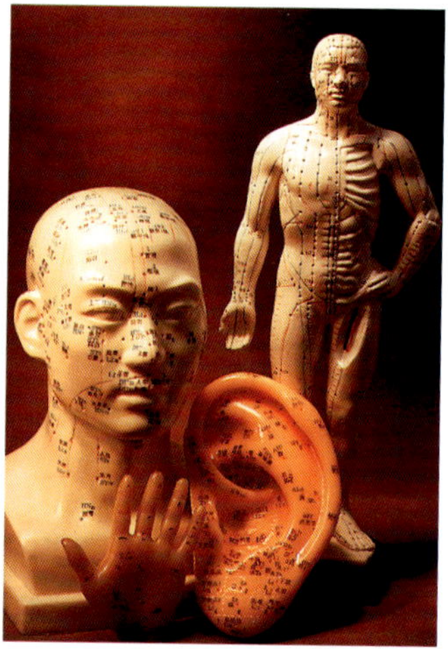

CI-DESSUS ***Les Chinois pensent que le ginkgo favorise la circulation de l'énergie dans les méridiens du corps.***

De l'avis de certains spécialistes, le ginkgo influe directement sur les méridiens des reins et des poumons. Les reins jouent un rôle important dans le bon fonctionnement du système cardiovasculaire car ils protègent le cœur des inflammations. Mais s'ils ne fonctionnent pas correctement, ils peuvent être cause d'une rétention excessive de liquide qui peut rapidement devenir une surcharge dangereuse pour le cœur. La médecine moderne occidentale prescrit souvent des médicaments diurétiques (*voir* page 56) à titre de traitement préventif du cœur.

L'amertume du ginkgo est excellente pour soulager la constipation, ce qui peut aider à réguler plus efficacement les rétentions d'eau dans l'organisme.

Quant à l'astringence du ginkgo, elle a pour effet de resserrer les tissus distendus, empêchant ainsi l'excès de lymphe et de mucus. Par ailleurs, le goût neutre du ginkgo favorise la régénération complète du corps et aide à récupérer après un effort. C'est sans doute pourquoi les Chinois consomment si souvent le ginkgo en soupe. Il est généralement mélangé à du riz, qui lui aussi possède de grandes qualités nutritives et énergisantes, et dont le goût est également neutre.

EFFETS SUR LE PSYCHISME

Quantité d'expressions de la langue courante indiquent le lien étroit qui existe entre le cœur et l'esprit : « avoir le cœur sur la main », « en avoir gros sur le cœur » ou « ne pas avoir le cœur à faire quelque chose ». Toutes renvoient à des états d'esprit ou à des sentiments, et font appel à des réalités organiques. De façon encore plus directe, les Chinois ont l'habitude de dire

CI-CONTRE ***Les Chinois associent le ginkgo et le riz pour leurs qualités roboratives.***

PRÉPARATION D'UNE ESSENCE FLORALE

QUANTITÉ STANDARD

1½ tasse (350 ml) d'eau de source, autant d'eau-de-vie et 3 ou 4 fleurs de ginkgo.

1 *Versez l'eau de source dans un saladier en verre et plongez-y les fleurs fraîchement cueillies et soigneusement sélectionnées. Couvrez le saladier à l'aide d'un linge propre et laissez reposer dans un endroit calme et ensoleillé pendant 3 heures environ.*

2 *Dès que les fleurs sont bien flétries, retirez-les à l'aide d'une cuiller en bois. Mesurez la quantité de liquide restant et ajoutez la même quantité d'eau-de-vie. Versez le mélange dans un flacon foncé et étiquetez soigneusement.*

Posologie recommandée

• *Adultes : 4 gouttes sous la langue quatre fois par jour, ou toutes les demi-heures en cas de crise. Enfants : de 7 à 12 ans, la moitié de la dose adulte ; de 1 à 7 ans, un quart de la dose adulte ; pour les moins d'1 an, 2 à 3 gouttes, deux ou trois fois par jour.*

CI-DESSUS **Mettez le saladier rempli d'eau et de fleurs de ginkgo dans un endroit ensoleillé et laissez macérer pendant plusieurs heures.**

que « le chemin vers le cœur d'un homme passe toujours par son estomac ».

L'état de notre système cardiovasculaire détermine souvent la façon dont nous nous sentons et agissons. L'influence positive du ginkgo sur l'esprit est incontestablement liée à ses multiples effets bénéfiques sur le corps : en effet, le ginkgo agit favorablement sur le système immunitaire, le système cardiovasculaire, le système nerveux, les poumons, les reins, le cerveau, les yeux et les oreilles.

Le corps se portant bien, l'énergie disponible est donc plus grande, et se traduit par une activité mentale accrue, un plus grand sens des responsabilités et de meilleurs rapports humains.

REMÈDES FLORAUX

Les fleurs fructifères du ginkgo ne poussent que sur les arbres femelles et ne donnent de graines qu'au bout de 20 ans. Or, ce sont ces

CI-DESSUS *Il est possible de faire pousser le ginkgo le long d'un mur.*

graines qui assurent la survie de cette essence. En fleurissant pendant 20 ans sans produire de graines, l'arbre devient de plus en plus vigoureux. Les propriétés médicinales de ses fleurs sont très importantes dans le monde stressé et pollué qui est le nôtre. Elles sont d'un grand secours pour les personnes qui se sentent déprimées, fragiles et affaiblies, aussi bien mentalement que physiquement.

ÉNERGIE SPIRITUELLE DES PLANTES

L'esprit du ginkgo ne doit pas être confondu avec son essence florale, qui est essentiellement liée à ses fleurs. L'esprit de la plante nous permet de profiter de l'énergie et des propriétés de toutes ses parties. À la fois terrestre et solaire, cet arbre est capable de nous tirer de certains états primitifs et de nous plonger dans la méditation et la joie.

Son esprit permet au ginkgo de survivre dans des conditions où tout autre être vivant serait voué à disparaître. Le ginkgo a en effet miraculeusement repoussé sur le site même de l'explosion atomique d'Hiroshima. Il fait preuve d'une ténacité défiant toute imagination et sa capacité légendaire à survivre à toutes les catastrophes et tous les bouleversements fait de lui un véritable phénomène écologique.

CI-CONTRE *Grâce à la kirliangraphie, on a pu capturer la puissante aura du ginkgo.*

Culture, récolte et conditionnement

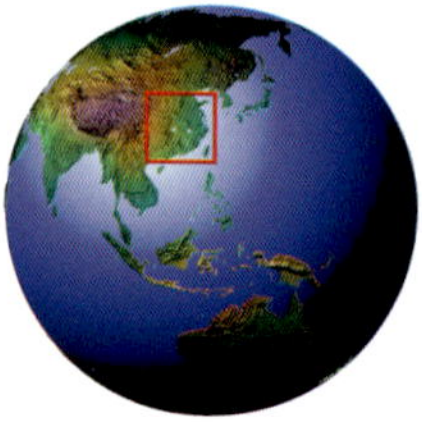

CI-CONTRE **La Chine est l'un des plus gros producteurs mondiaux de ginkgos.**

FAIRE POUSSER DES GINKGOS *dans votre jardin ou suggérer à votre municipalité d'en planter est une bonne façon de contribuer à un avenir meilleur pour chacun d'entre nous. Le ginkgo pousse lentement, mais résiste très bien aux mauvais traitements qui lui sont infligés par l'homme, les animaux et les intempéries.*

CULTURE DU GINKGO

Intensive Le ginkgo compte parmi les arbres les plus résistants : il ne nécessite ni engrais ni pesticide. Il est donc très facile de se procurer du ginkgo biologique. Très courante en Chine, la culture intensive du ginkgo se pratique depuis des siècles. Le ginkgo biologique se rencontre également en Allemagne, en Belgique et aux Pays-Bas, mais sa culture, souvent à échelle réduite, y est plus récente. Les ginkgos européens peuvent néanmoins recevoir l'appellation Agriculture Biologique, ce qui est un gage de qualité.

Domestique Pour faire pousser des ginkgos dans votre jardin, il est préférable de planter les graines au printemps (mars-avril), afin d'offrir à la plante la période d'activité végétative la plus longue possible et lui permettre d'aborder l'hiver déjà suffisamment développée.

Les graines ont la forme d'une noisette et sont de la taille d'une phalangette. Elles peuvent être plantées dans un mélange ordinaire de terreau et de terre sableuse vendu dans les jardineries.

Pour aider à la germination, grattez le petit bourrelet allongé sans atteindre l'amande : vous risqueriez d'abîmer la graine.

Dans des pots d'environ 15 cm de diamètre, mettez de la terre jusqu'à mi-hauteur, déposez une graine de ginkgo dans chaque pot, puis recouvrez de terre jusqu'à environ 2,5 cm du bord. Si vous vivez dans une région froide, placez les pots dans une serre ou sur un appui de fenêtre pour accélérer la germination.

Une fois les premières feuilles sorties, rempotez les plantes dans un terreau riche en humus et laissez les pots dans un endroit chaud. Ainsi, vos petits ginkgos pourront atteindre une hauteur d'environ 25 cm durant la première saison.

Juste avant les premières gelées, placez les pots dans une serre non chauffée ou dans une remise. Au printemps, dépotez les arbrisseaux et plantez-les dans un endroit ensoleillé et dans un sol bien drainé où ils pourront continuer à croître librement.

Ainsi, vous devriez obtenir des arbres mâles et femelles. Il vous en faut au moins un de chaque si vous voulez obtenir des fruits. N'oubliez pas que le ginkgo peut atteindre une hauteur de 40 m et vivre plusieurs centaines d'années (parfois même plus de mille ans).

RÉCOLTE

Intensive Les feuilles sont récoltées à la main, puis traitées différemment selon leur région d'origine.
En Chine et aux États-Unis, les feuilles et les graines sont séchées et livrées telles quelles à leurs destinataires ; en Europe, où la culture intensive du ginkgo est très récente et où le produit de la récolte est considéré comme précieux, des teintures fraîches sont immédiatement préparées afin que les feuilles conservent toutes leurs propriétés. Celles-ci sont placées sur des séchoirs industriels composés d'un cadre en bois, tendu d'une gaze en nylon, généralement à l'abri de la lumière directe du soleil, et sont retournées deux fois par jour. En cas d'absence totale de soleil, le séchage se fait alors dans une serre équipée de séchoir à air.

CI-CONTRE ***Si vous vivez dans une région froide, faites germer vos graines de ginkgo dans une serre.***

Domestique La plupart des plantes médicinales se cueillent au printemps, mais la meilleure saison pour le ginkgo est l'automne, lorsque la composition chimique de la plante a atteint son maximum d'efficacité. Les feuilles doivent être cueillies encore vertes, juste avant de virer au jaune : le jaunissement est en effet signe d'une altération des flavonoïdes. Il est donc très important d'observer attentivement les arbres jour après jour, d'août à octobre.

Cueillez les feuilles une à une en pinçant la petite tige entre vos doigts afin de ne pas abîmer l'arbre. Une fois récoltées, les feuilles doivent être mises à sécher jusqu'à ce qu'elles aient perdu toute humidité. Pour cela, on peut les mettre par poignées dans des sacs en papier kraft que l'on suspendra dans un endroit sec et que l'on agitera régulièrement pour assurer une bonne aération.

CI-DESSUS ***La meilleure saison pour récolter le ginkgo est l'automne.***

Une autre solution consiste à éparpiller les feuilles sur une grille à pâtisserie en disposant des serviettes en papier en dessous, et à les laisser ainsi dans un endroit sec, chaud et à l'abri de la lumière directe du soleil. Changez les serviettes tous les jours jusqu'à ce que les feuilles soient bien sèches. Dans les deux cas, le séchage ne doit pas durer plus de quelques jours.

Pour vous assurer que les feuilles sont bien sèches, mettez-en quelques-unes dans un pot en verre fermé hermétiquement, et exposez-le au soleil. Si des gouttelettes se forment sur les parois du pot, c'est qu'il reste de l'humidité et que de la moisissure risque de se former et d'abîmer la plante. Retirez alors les feuilles du pot et laissez-les sécher davantage.

CONDITIONNEMENT

Industriel Une fois complètement sèches, les feuilles sont empaquetées dans des sacs de toile et livrées à leurs destinataires. La demande mondiale de ginkgo est telle que

CI-DESSUS ***Les feuilles et les graines sont séchées puis emballées, ou transformées en teintures.***

les producteurs n'ont jamais de difficultés pour écouler leur marchandise dans les plus brefs délais. En Europe, et particulièrement en France, en Allemagne et aux Pays-Bas, où les plantations de ginkgos biologiques sont encore assez rares, la teinture fraîche est la méthode de conservation la plus utilisée (*voir* page 32).

Il est primordial d'être attentif à la couleur des feuilles vendues dans le commerce de détail. Pour profiter de tous les principes actifs de la plante, il vous faudra choisir un assortiment de feuilles de deux couleurs différentes : vert foncé et jaune mordoré. Si vous n'en avez que d'une seule sorte, vous ne bénéficierez que d'une partie des principes du ginkgo. Certaines feuilles sont bicolores, c'est-à-dire vertes avec des tâches jaunes. Ce sont elles qui sont considérées comme les meilleures. En cas de vente par correspondance, n'hésitez pas à renvoyer votre ginkgo s'il vous semble ne pas présenter les qualités requises. Mais si vous vous adressez directement au fournisseur, vous pourrez éviter ce genre de désagrément. La vente directe, quant à elle, présente l'avantage de pouvoir examiner la marchandise avant d'acheter. Demandez toujours au marchand la date de récolte des feuilles et choisissez les plus récentes.

Domestique Mettez les feuilles (ou les graines) dans un grand pot opaque et hermétique. Vous pouvez également mettre les feuilles dans un sac en papier kraft que vous glisserez lui-même dans un sac en plastique pour bien préserver tous les principes actifs. N'oubliez pas de noter la date de récolte afin de pouvoir jeter le moment venu les feuilles qui n'auront pas été utilisées dans les douze mois et de les remplacer par de nouvelles.

Préparations à usage interne

CI-CONTRE ***La teinture de Ginkgo transmet toutes les vertus de la plante.***

LE GINKGO EST CONSOMMÉ *depuis des millénaires sous forme de tisanes, d'aliments, de vins et de teintures. De nos jours, ces formes traditionnelles existent toujours, mais il est également possible de l'acheter sous forme de gélules, de comprimés ou de concentrés.*

TEINTURE DE FEUILLES DE GINKGO

Les teintures sont une excellente façon de bénéficier rapidement des effets thérapeutiques du ginkgo car les principes de cette plante s'extraient très facilement dans l'eau et l'alcool. Elles ne nécessitent aucune préparation lorsqu'elles sont achetées dans le commerce et peuvent être conservées jusqu'à trois ans sans s'altérer.

La qualité des teintures fait maison est généralement supérieure à celle des meilleures teintures disponibles en pharmacie ou dans les magasins de diététique. Elles ont en effet l'avantage d'avoir été préparées avec soin et application.

La teinture de ginkgo s'obtient par macération des feuilles hachées ou pulvérisées à la main dans un mélange d'eau et d'alcool.

Vous pouvez également utiliser les graines, bien qu'il soit

CI-DESSOUS ***On peut transformer les feuilles hachées en gélules ou en teintures.***

TEINTURES ET PHASES LUNAIRES

La fabrication des teintures se fait souvent en fonction des phases de croissance et de décroissance de la lune. Pour une meilleure efficacité, la préparation doit commencer à la nouvelle lune, et le filtrage et l'embouteillage doivent avoir lieu à la pleine lune.

difficile d'en trouver dans le commerce – elles sont presque toujours importées d'Asie car les fruits ne poussent pour ainsi dire pas en Europe. Commencez d'abord par retirer l'enveloppe externe, qui est toxique, puis coupez la graine en petits morceaux avec un couteau car elle est trop dure pour être passée au mixeur. Ne préparez qu'une faible quantité de teinture de graines car celle-ci est moins efficace que la teinture de feuilles.

Pour préparer votre teinture, versez l'alcool sur les feuilles ou les graines afin de tuer d'éventuels germes ; ajoutez l'eau deux jours plus tard, après élimination totale des microbes.

Au Japon, les graines de ginkgo requièrent peu de préparation, hormis le séchage, et sont consommées, le plus souvent à la fin du repas, pour faciliter la digestion. Elles sont appréciées pour leur goût, leurs qualités nutritives et leur absence de graisses. Elles sont également très utiles pour soigner diverses maladies. En fait, la consommation des graines a toujours été plus courante que celle des feuilles, et le succès de ces dernières est un phénomène relativement récent.

ÉTUDE DE CAS : RADIATIONS

Après avoir subi une radiothérapie pour soigner un cancer du sein, Jane consulta un phytothérapeute afin de débarrasser son organisme des radiations résiduelles. La solution proposée par le médecin était simple : boire 3 tasses (750 ml) d'infusion de ginkgo par jour, 1 cuillerée à soupe (5 ml) de bentonite diluée dans de l'eau ou du jus de fruits et bue avec une gélule de plante digestive pour permettre une bonne diffusion. Par ailleurs, Jane prit de la teinture de ginseng de Sibérie, connue pour neutraliser les effets des radiations. Il est difficile de connaître l'effet exact de ce traitement car il n'existe pas de moyen suffisamment précis pour mesurer le taux de radiation dans l'organisme. Cependant, à en juger par les effets du ginkgo sur les survivants de la catastrophe de Tchernobyl, il est permis de penser que le traitement a eu une influence bénéfique sur l'état de santé de Jane.

PRÉPARATION D'UNE TEINTURE

QUANTITÉ STANDARD

200 g de feuilles fraîches ou 300 g de feuilles ou de graines séchées, hachées ou broyées pour 4 tasses (1 litre) de mélange d'eau et d'alcool (45 % d'alcool fort pour 55 % d'eau).

1 Mettez les feuilles séchées (et les graines hachées si vous en utilisez) dans un mixeur et recouvrez-les de vodka ; un alcool standard titrant 45° peut convenir, mais il est préférable d'utiliser un alcool titrant entre 70° et 80° : il rendra votre teinture plus concentrée.

2 Pulvérisez les ingrédients. Comme vous n'avez pas encore ajouté d'eau à ce stade de la préparation, la mixture est épaisse et les couteaux auront du mal à tourner, mais persévérez.

3 Une fois la mixture liquéfiée, versez-la dans un grand pot en verre opaque et fermez hermétiquement. Secouez énergiquement. Étiquetez soigneusement le pot et placez-le dans un endroit sombre.

4 Au bout de deux jours, évaluez le contenu du pot et ajoutez de l'eau qui permettra de mélanger plus facilement la préparation. Si vous avez utilisé de l'alcool titrant 45° et des feuilles séchées, il vous suffit d'ajouter 20 % d'eau. Si vous avez utilisé des feuilles fraîches, n'ajoutez alors que 10 % d'eau. Si enfin vous avez utilisé de l'alcool titrant entre 70° et 80°, vous pouvez ajouter 50 à 60 % d'eau. Agitez le pot tous les jours pour favoriser l'extraction des principes. L'obtention de la teinture prend deux semaines, mais vous pouvez laisser macérer jusqu'à quatre semaines si vous le désirez.

REMARQUE

Nettoyez toujours vos ustensiles en les passant à l'eau bouillante avant de vous en servir et, pour une meilleure stérilisation, ajoutez à l'eau une ou deux gouttes d'huile essentielle de lavande, de thym ou d'arbre à thé.

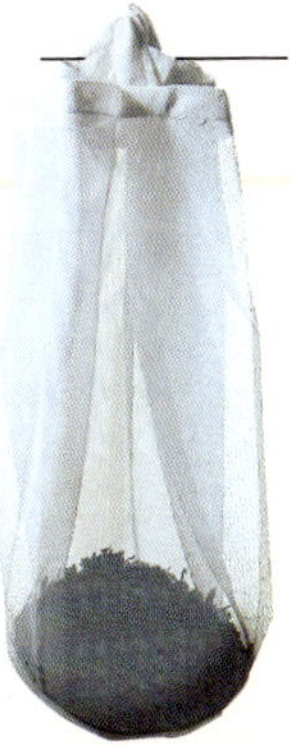

5 Laissez filtrer la teinture toute une nuit à l'aide d'un linge à confiture, jusqu'à ce que tout le liquide ait été exprimé. Pour plus d'efficacité, vous pouvez utiliser une presse à vin.

6 Versez l'épais liquide dans un flacon foncé soigneusement étiqueté et rangez-le à l'abri de la lumière. Pour un usage personnel, vous pouvez utiliser des flacons plus petits (50 ml).

REMARQUE

Les petits flacons à bouchon compte-gouttes sont faciles à ranger dans une poche ou dans un sac à main.

Posologie recommandée

Usage quotidien : *les adultes peuvent prendre 1 cuillerée à café (5 ml) de teinture de feuilles trois fois par jour diluée dans au moins 25 ml d'eau ou de jus de fruits ; pour la teinture de graines prenez 1 cuillerée à café (5 ml) une fois par jour.*

Usage à long terme : *les adultes peuvent prendre de la teinture de feuilles pendant au moins un an. Certaines personnes en prennent même toute leur vie et cela ne semble pas présenter de risques. En revanche, la teinture de graines ne doit être prise que sur de courtes périodes et uniquement pour traiter les problèmes bronchiques. En cas d'effets secondaires, comme des maux de tête, la tisane de réglisse peut servir d'antidote.*

Posologie pour les enfants

Pour les plus de 12 ans, dose adulte ; de 9 à 12 ans, 30 gouttes une à trois fois par jour ; de 1 à 9 ans, 5 gouttes deux à trois fois par jour ; pour les moins de 1 an, 2-3 gouttes deux à trois fois par jour.

Dans le cas d'affections aiguës, certains phytothérapeutes recommandent de prendre des « extraits standardisés » pendant une courte période (un ou deux mois) avant de commencer ou de reprendre un traitement à base de teinture, mais il est également possible de commencer par prendre 1 cuillerée à café (5 ml) cinq fois par jour pendant un ou deux mois.

ÉLIMINATION DE L'ALCOOL

Il se peut que les diabétiques, les personnes souffrant d'hypoglycémie et les femmes enceintes préfèrent ne pas ingérer la petite quantité d'alcool contenue dans la teinture. Cet alcool peut être éliminé en ajoutant de l'eau bouillante à la dose et en laissant reposer pendant environ 5 minutes : cette opération permet l'évaporation d'environ 98,5 % de l'alcool. Pour les abstèmes, il est également possible de remplacer la vodka par du vinaigre de cidre, mais l'extraction des principes actifs ne sera pas aussi efficace.

DÉCOCTION DE GINKGO

C'est la meilleure façon de préparer les graines de ginkgo. Celles-ci peuvent être utilisées fraîches ou sèches, mais elles sont plus efficaces dans le premier cas. La décoction permet de préserver toutes les propriétés et les composants chimiques de la plante. Une fois réalisée, elle peut être conservée au réfrigérateur jusqu'à trois jours mais, dans la mesure du possible, essayez de la renouveler chaque jour.

Cependant, la décoction présente l'inconvénient de ne pas être toujours réalisable car les graines sont parfois difficiles à trouver pour de multiples raisons : rudesse du climat, absence d'arbres des deux sexes ou d'arbres femelles qui sont en effet rarement plantés en raison de l'odeur fétide de leurs fruits.

PRÉPARATION D'UNE DÉCOCTION

QUANTITÉ STANDARD

20 g de graines séchées ou 40 g de graines fraîches pour 3 tasses (750 ml) d'eau froide, dont il ne doit rester à la fin de la préparation qu'environ 2 tasses (500 ml).

1 Commencez par retirer l'enveloppe externe des graines car elle est toxique. Puis mettez les graines et l'eau dans une casserole (de préférence à double fond). Portez à ébullition et laissez frémir à feu très doux pendant 20 à 30 minutes, au cours desquelles le liquide doit réduire d'un tiers. Retirez la casserole du feu.

2 Laissez refroidir le liquide, puis versez-le dans un broc en le filtrant à l'aide d'une passoire. Servez-vous une tasse et mettez le restant dans un endroit frais ou au réfrigérateur si vous comptez le garder plus d'une journée.

Posologie recommandée

Il est conseillé aux adultes de prendre 1 ou 2 tasses (soit un total de 250 à 500 ml) par jour. Cette décoction ne doit pas être administrée aux enfants.

INFUSION DE GINKGO

La tisane est un excellent moyen d'utiliser les feuilles de ginkgo, alors que l'on profite mieux des propriétés thérapeutiques des graines lorsque celles-ci sont utilisées en décoction ou en teinture.

L'infusion de ginkgo se prête parfaitement à l'usage à long terme et à titre préventif car la plupart des composants chimiques du ginkgo sont solubles dans l'eau. Son goût amer et astringent est toutefois un peu particulier et peut-être éprouverez-vous le besoin de l'édulcorer. Pour cela, utilisez de préférence du miel ou du sirop d'érable.

REMARQUE

Vous pouvez également utiliser une tasse spéciale pour infusions ou une théière avec filtre intégré.

Les personnes désirant éviter les édulcorants traditionnels peuvent se rabattre sur la stévie (*Stevia rebaudiana*), plante originaire du Paraguay 500 fois plus sucrée que le sucre. Mettez-en donc une toute petite pincée (1 ou 2 g) pour 1 ou 2 cuillerées à café d'infusion de ginkgo.

PRÉPARATION D'UNE INFUSION

QUANTITÉ STANDARD

1 ou 2 grosses cuillerées à café (1-2 g) de feuilles séchées et broyées ou 2 cuillerées à café (4-6 g) de feuilles fraîches hachées pour 1 tasse (250 ml) d'eau bouillante.

1 *Mettez les feuilles dans une chaussette à thé et placez-la dans une tasse ou une théière. Versez l'eau bouillante et laissez infuser 7 minutes.*

2 *Retirez la chaussette et, si vous le désirez, ajoutez 1/2 cuillerée à café de miel biologique pressé à froid (mais il est préférable de boire l'infusion nature).*

Posologie recommandée

Adultes : 2 tasses (500 ml) par jour. Enfants : pour les plus de 12 ans, dose adulte : de 7 à 12 ans, 1 tasse (250 ml) par jour ; de 3 à 7 ans, 1/2 tasse (125 ml) par jour ; pour les moins de 3 ans, 1 cuillerée à soupe ou 1/4 tasse (15-60 ml) selon l'âge, une fois par jour.

CI-CONTRE ***Le ginkgo a un goût amer, mais il est possible de l'adoucir.***

CI-DESSOUS *Achetez des gélules vides chez votre herboriste et remplissez-les vous-même.*

GÉLULES DE GINKGO

Pour la fabrication de gélules, vous pouvez utiliser de la poudre de ginkgo vendue en herboristerie. Renseignez-vous toujours sur la date de récolte : celle-ci a dû avoir lieu six à douze mois auparavant. Goûtez la poudre : elle doit présenter un parfait équilibre entre douceur et amertume et sa saveur doit être légèrement terreuse. Un goût neutre ou insipide indique que la plante est trop vieille et donc hors d'usage. Les poudres se conservent moins longtemps que les feuilles entières, hachées ou broyées, car elles sont davantage exposées à l'oxygène qui accélère leur détérioration. Les gélules permettent d'isoler la poudre de l'air et donc de la préserver. Si vous les achetez toutes prêtes, assurez-vous qu'elles sont bien remplies.

PRÉPARATION DE GÉLULES

QUANTITÉ STANDARD

Environ 500 ou 600 mg de poudre de ginkgo par gélule de taille standard.

1 *Mettez un peu de ginkgo séché et pulvérisé dans une soucoupe.*

2 *Ouvrez la gélule et plongez les deux parties dans la poudre pour les remplir.*

3 *Refermez soigneusement la gélule en essayant de laisser échapper le moins de poudre possible.*

4 *Bien qu'elles soient plus chères, les gélules dont l'enveloppe est d'origine végétale sont préférables à celles dont l'enveloppe est d'origine animale.*

Posologie recommandée

Adultes : 3 gélules deux fois par jour. Enfants : pour les plus de 12 ans, dose adulte ; de 9 à 12 ans, 1-2 gélules deux fois par jour ; de 5 à 9 ans, 1 gélule deux fois par jour. Interdit aux enfants de moins de 5 ans.

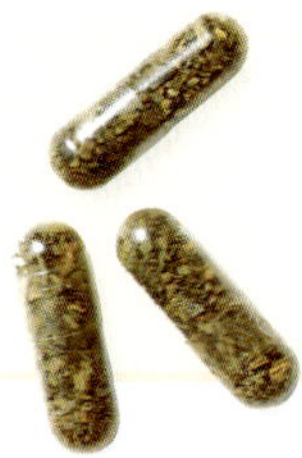

CI-CONTRE **Ne préparez pas trop de gélules à la fois car la poudre de ginkgo ne se conserve pas très longtemps.**

GÉLULES INDUSTRIELLES

Les gélules de ginkgo disponibles dans le commerce contiennent des extraits standardisés de ginkgo dont l'efficacité a été prouvée par des études cliniques. Elles contiennent 24 % de flavoglycosides et quelques autres composants chimiques, comme le bilobalide. Ce type de gélules s'apparente davantage aux médicaments synthétiques produits par l'industrie pharmaceutique, la seule différence étant que tous les éléments sont naturels. De nombreux médecins pensent que les gélules de ginkgo standardisées peuvent réduire les risques d'accidents cérébraux dus à des caillots de sang par exemple. Cependant, si vous êtes sceptiques, vous pouvez vous en remettre à l'utilisation par les Chinois d'extraits non standardisés depuis des millénaires.

CI-DESSUS *Vous pouvez acheter des gélules de ginkgo toutes prêtes dans les magasins de diététique.*

PRÉPARATION DE COMPRIMÉS

QUANTITÉ STANDARD

400 mg de feuilles de ginkgo finement pulvérisées pour au moins 5 gouttes d'eau minérale.

Mélangez la poudre et l'eau et faites-en des boulettes de la taille voulue. Les comprimés ainsi obtenus doivent être préparés juste avant utilisation, mais vous pouvez au besoin les conserver une journée au réfrigérateur dans un récipient hermétique. Vous pouvez éventuellement remplacer l'eau par du sirop d'érable, de blé ou d'orge ou par du miel, pourvu qu'ils soient issus de l'agriculture biologique.

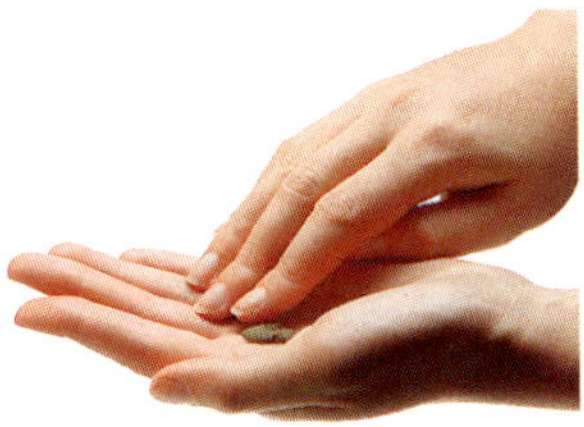

Posologie recommandée

Adultes : 2 ou 3 comprimés deux fois par jour. Enfants : pour les plus de 12 ans, dose adulte ; de 9 à 12 ans, 1 ou 2 comprimés deux fois par jour ; de 5 à 9 ans, 1 comprimé deux fois par jour. Interdit aux enfants de moins de 5 ans.

REMARQUE

Les diabétiques peuvent remplacer le sirop ou le miel par de la stévie (*voir* page 35).

SOUPE DE GINKGO

Les Chinois et les Japonais consomment le ginkgo sous forme de soupe depuis des siècles. La soupe de ginkgo est nourrissante, comme l'a confirmé la diététique moderne, et présente l'avantage de posséder quantité de vertus médicinales, dont une action tonique sur les reins, la vessie et l'appareil urogénital. Elle facilite également la digestion, améliore l'ouïe et combat les vers intestinaux. En outre, des études ont récemment montré que les graines, cuites ou crues, possèdent des propriétés antibiotiques.

En Europe, où le climat est souvent trop rude pour permettre aux arbres femelles de fructifier, vous ne trouverez que des graines séchées. Elles sont généralement importées de Chine, déjà débarrassées de la pulpe du fruit, qui contient un poison analogue à celui du lierre grimpant.

PRÉPARATION D'UNE SOUPE

INGRÉDIENTS

25 g de graines de ginkgo fraîches ou séchées, débarrassées de leur enveloppe.
4 à 5 tasses (1-1,5 l) d'eau déminéralisée ou minérale
25 g de riz précuit ou de pommes de terres cuites
sel et poivre noir fraîchement moulu

1 *Coupez les graines en petits morceaux pour en libérer les éléments nutritifs et la saveur, et mettez-les dans une casserole remplie d'eau.*

2 *Portez à ébullition, puis réduisez la flamme et laissez frémir pendant 20 minutes jusqu'à ce que les graines se soient ramollies.*

CI-CONTRE ***La soupe de ginkgo est un mets délicieux.***

3 *Versez la préparation dans un mixeur, et mixez jusqu'à obtenir une purée.*

4 *Lorsque la consistance de la purée est homogène, versez-la dans une soupière.*

5 *Ajoutez le riz ou les pommes de terre afin d'épaissir la soupe. Salez et poivrez avant de servir*

REMARQUE

Pour donner plus de goût à votre soupe, vous pouvez ajouter les éléments suivants : curcuma, piment rouge, jus de citron, graines de céleri, thym ou marjolaine.

ÉTUDE DE CAS : MÉMOIRE

Alec Dumner avait 59 ans lorsque sa femme l'emmena voir un phytothérapeute. Elle avait entendu parler du ginkgo et espérait que cette plante pourrait aider son mari, qui commençait à perdre sa vivacité d'esprit et sa mémoire. Il ne parvenait plus à se souvenir de certains épisodes pourtant marquants de leur vie commune et semblait perdre sa curiosité, d'ordinaire si vive, vis-à-vis du monde extérieur. Alec se vit prescrire un programme général de remise en forme comprenant un régime alimentaire spécifique, des exercices et une cure de ginkgo en teinture et en tisane.

Au bout de deux semaines de traitement, les résultats étaient déjà perceptibles. Alec n'en revenait pas. Il se rendit compte de tout ce qu'il avait pu oublier et de l'état de déprime dans lequel il avait plongé.

Alec poursuivit sa cure de ginkgo pendant trois mois à raison de 4 cuillérées à café (20 ml) de teinture et 1 ou 2 tasses (250-500 ml) d'infusion par jour. Cette posologie fut ensuite diminuée progressivement au cours des six mois suivants, jusqu'à seulement 1 ou 2 cuillerées à café (5-10 ml) de teinture et d'une tasse (250 ml) d'infusion par jour, à titre de traitement d'entretien.

Préparations à usage externe

CI-DESSUS ***La cire d'abeille naturelle est utilisée pour solidifier une préparation huileuse.***

FAIRE SES PROPRES *préparations est un passe-temps très agréable et très utile, pour soi comme pour son entourage. Les meilleures plantes sont toujours celles que l'on a fait pousser soi-même et, pourvu que l'on ait un jardin, la culture du ginkgo n'est pas difficile. À défaut, il est toujours possible d'acheter du ginkgo chez un détaillant ou par correspondance.*

ONGUENT DE GINKGO

Le ginkgo en usage externe sous forme d'onguent est très efficace en cas d'engelures, de varices, de coups de soleil, de surexposition au rayonnement ou d'autres situations similaires. Le ginkgo empêche la détérioration des cellules en neutralisant les radicaux libres (*voir* page 57), ce qui permet à la peau de conserver ou augmenter ses couches de collagène et de fibres protéiques et de retrouver toute sa souplesse. Le ginkgo active également la circulation, empêchant un éventuel ralentissement du sang et les conséquences qui pourraient s'ensuivre. Cette propriété est en partie due à la capacité de la plante à fluidifier le sang, permettant ainsi même aux plus petits vaisseaux de recevoir de l'oxygène.

CI-CONTRE ***Augmentez la souplesse de votre peau par des applications régulières de crème de ginkgo.***

PRÉPARATION D'UN ONGUENT

QUANTITÉ STANDARD

1½ tasse (350 ml) d'huile d'olive pour 300 g de feuilles de ginkgo séchées et broyées et 50 g de cire d'abeille.

1 Versez l'huile d'olive sur les feuilles de ginkgo et mettez le mélange dans un récipient fermé (en acier inoxydable, en terre cuite, en émail non ébréché ou en pyrex).

2 Après avoir préchauffé votre four à 38 °C, mettez-y le récipient pendant une heure. Vous pouvez aussi le laisser en plein soleil ou dans tout autre endroit chaud pendant une semaine. Remuez la mixture de temps à autre avec une fourchette stérilisée.

3 Si vous avez opté pour la méthode au four, laissez la mixture macérer une semaine supplémentaire et réchauffez-la à la même température pendant une heure avant de la filtrer. Filtrez la mixture à l'aide d'une passoire recouverte d'une étamine ou à l'aide d'un linge à confitures que vous suspendrez toute une nuit.

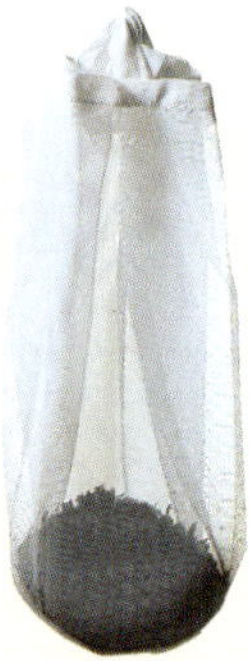

4 Faites fondre la cire d'abeille à feu très doux, dans une casserole à double fond ou à fond très épais. Puis, ajoutez l'huile d'olive saturée de ginkgo. Ne chauffez pas trop le mélange : il risquerait de perdre de son efficacité.

5 Mettez un peu de l'onguent ainsi obtenu dans un verre pour en vérifier la consistance (une fois refroidi, il doit coller à votre doigt, sans être ni trop épais ni trop fluide), puis versez le reste dans des flacons opaques que vous étiquetterez soigneusement.

Posologie recommandée

- *Appliquez deux fois par jour sur la zone à traiter (ou plus souvent si l'affection est plus grave) ; vous pouvez recouvrir l'onguent d'un bandage, mais il est préférable de le laisser à l'air libre.*

Médecine naturelle pour tous

CI-DESSUS **Au Japon, le ginkgo est traditionnellement associé à la lactation.**

AU JAPON, *on raconte que les femmes qui prient au pied d'un des ginkgos poussant dans la ville de Sendai auront du lait en grande quantité pour allaiter leurs enfants. Ces arbres ont été plantés, selon la légende, non loin de la tombe de la nourrice d'un empereur qui aurait fait vœu à Bouddha de produire du lait pour toutes les femmes n'en ayant pas suffisamment elles-mêmes.*

GROSSESSE

La consommation de feuilles de ginkgo ne présente aucun risque d'effets secondaires pour les femmes enceintes. Par conséquent, toute femme souffrant d'hypertension artérielle, d'une mauvaise circulation ou de tout autre trouble lié à la grossesse peut en prendre. L'action des feuilles de ginkgo sur le système immunitaire est toujours appréciable notamment en cas de grossesse, quand l'utilisation d'antibiotiques est contre-indiquée.

Le ginkgo est également recommandé durant l'allaitement, et la médecine chinoise traditionnelle considère même cette plante comme un bon galactogogue, autrement dit un produit qui favorise la lactation chez la femme. Le ginkgo peut également aider à combattre la congestion et les affections de type « mastite » causant une inflammation des seins.

ATTENTION

Il est déconseillé aux femmes enceintes de prendre des graines de ginkgo car il n'est pas impossible qu'elles soient nocives pour le fœtus. Aucun cas d'intoxication n'a encore été constaté, mais tout le monde s'accorde à dire qu'il vaut mieux s'abstenir pendant la grossesse.

CI-CONTRE ***Les feuilles de ginkgo ne présentent aucun risque pour les femmes enceintes ou qui allaitent.***

ENFANTS

À moins d'une maladie spécifique, les enfants n'ont pas besoin d'en prendre. Cela ne peut toutefois pas leur faire de mal et peut même, les aider à se concentrer, à apprendre et à développer leurs capacités intellectuelles. En cas de dyslexie (chez l'enfant comme chez l'adulte), le ginkgo favorise les connections des neurotransmetteurs dans le cerveau : il est donc recommandé dans le traitement de ce trouble. Son administration est également conseillée chez les enfants souffrant de problèmes circulatoires et immunitaires.

CI-CONTRE ***Le ginkgo peut aider les enfants dyslexiques à surmonter leur handicap.***

PERSONNES ÂGÉES

Le ginkgo est très bénéfique pour les personnes âgées : il est idéal pour traiter divers troubles parfois liés à la vieillesse, comme :

- le rétrécissement et la détérioration des artères et des autres vaisseaux.
- la formation excessive de caillots sanguins et/ou de plaques d'athérome.
- le manque d'étanchéité des vaisseaux parcourant les tissus cérébraux.

En activant la circulation sanguine, le ginkgo augmente l'apport en oxygène et en glucose du cerveau, tandis que ses propriétés antioxydantes préviennent la détérioration des cellules. Pour toutes ces raisons, le ginkgo aide les personnes âgées à se prémunir contre les problèmes classiques de la vieillesse comme la perte de mémoire, les confusions, l'angoisse et la déprime. Les personnes âgées souffrent souvent d'une mauvaise circulation et d'un affaiblissement de leurs défenses immunitaires, deux problèmes que le ginkgo aide à résoudre de façon appréciable. Enfin, en aiguisant les sens, le ginkgo contribue à résoudre les problèmes de vue et d'ouïe qui peuvent également être liés à l'âge.

Mélanges de plantes

LES MÉLANGES *de plantes potentialisent généralement l'action de l'une des plantes qui les composent. Pour plus de sûreté, il est recommandé aux femmes enceintes ou qui allaitent, et aux personnes présentant une pathologie grave de demander l'avis d'un médecin ou d'un phytothérapeute qualifié avant de recourir à l'un des mélanges proposés ci-après.*

CI-CONTRE **Chassez la dépression grâce à un mélange à base de ginkgo.**

DÉPRESSION ET ANGOISSE

Le mélange suivant, sous forme de teinture, permet de pallier un certain nombre de carences chimiques.

Formule Feuilles de ginkgo, racine de ginseng de Sibérie et fleurs de millepertuis à parts égales.

Posologie Adultes : 1 cuillerée à café (5 ml) trois fois par jour, diluée dans du jus de fruits ou de l'eau. Enfants : il est recommandé aux parents de consulter au préalable un médecin généraliste ou un phytothérapeute.

ATTENTION

Il est recommandé aux femmes enceintes et aux personnes prenant des médicaments psychotropes de ne pas consommer de millepertuis.

Le ginkgo contient des composants chimiques qui sont très proches de ceux contenus dans les antidépresseurs tricycliques et qui entraînent des modifications importantes dans l'activité des neurotransmetteurs (*voir* page 56). Le surplus d'oxygène et de glucose apporté par le ginkgo fait que le sujet se sent mieux.

Le millepertuis est un antidépresseur naturel bien connu dont l'action permet à la sérotonine, véritable « hormone du bonheur », de rester plus longtemps dans le cerveau des personnes qui ont tendance à l'éliminer rapidement.

Le ginseng de Sibérie offre un soutien exceptionnel à tout l'organisme. Son effet régulateur sur l'adrénaline est phénoménal et conduit à un sentiment de paix intérieure et de bien-être.

ALLERGIES

Les allergies sont souvent liées à une réaction disproportionnée du système immunitaire donnant lieu à des inflammations, à une hypersécrétion des muqueuses et à d'autres effets secondaires affaiblissants. Différents facteurs peuvent engendrer une perte de vitalité du système immunitaire, une paresse intestinale et une acidification du sang. Le mélange suivant, sous forme de teinture, permet de traiter ces problèmes en soulageant certaines allergies comme l'asthme ou le rhume des foins.

Formule Feuilles de ginkgo, racines de reine des prés, graines de chardon Marie, racine d'échinacée, racine de ginseng de Sibérie et racine de guimauve à parts égales, plus 1/4 part d'enveloppes de poivre de Cayenne.

Posologie Adultes : 1 cuillerée à café (5 ml) trois à cinq fois par jour, plus 2 cuillerées à café (10 ml) la nuit si nécessaire.

Enfants : pour les plus de 12 ans, dose adulte ; de 7 à 12 ans, la moitié de la dose adulte ; de 3 à 7 ans, un quart de la dose adulte ; pour les moins de 3 ans, 3 gouttes trois à quatre fois par jour.

Le chardon Marie tonifie, dépure et équilibre le foie.

La reine des prés régule la digestion aussi bien en cas de paresse que d'hyperactivité intestinale.

La guimauve et le ginseng apportent soutien général et bien-être.

Le ginkgo et le poivre de Cayenne facilitent la diffusion des autres plantes dans l'organisme et régulent le fonctionnement du système immunitaire en favorisant l'oxygénation et en empêchant les réactions inflammatoires disproportionnées. L'échinacée est un stimulant direct du système immunitaire.

ATTENTION

Il est recommandé aux femmes enceintes désirant prendre ce mélange de consulter au préalable un médecin généraliste ou un phytothérapeute.

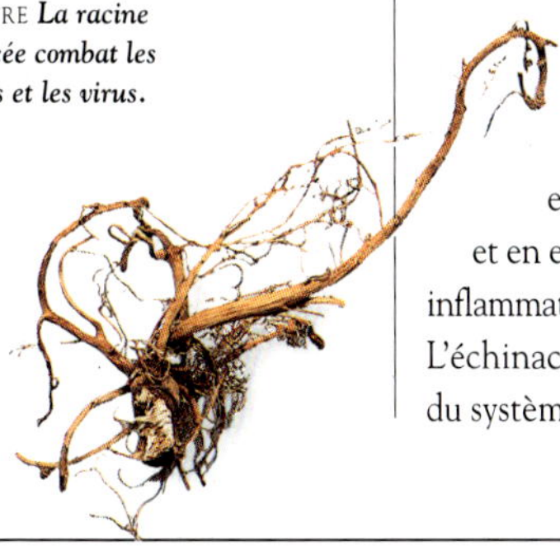

CI-CONTRE *La racine d'échinacée combat les bactéries et les virus.*

CIRCULATION

Le mélange suivant, sous forme de teinture, sera d'un grand secours pour les personnes souffrant d'engelures et ayant facilement froid aux mains et aux pieds. Il leur permettra donc d'aborder l'hiver plus sereinement. L'oxygénation accrue des tissus favorise la guérison de toutes les affections : cette formule est donc idéale pour se remettre d'une maladie.

Formule 3 parts de feuilles de ginkgo, 3 parts de feuilles de romarin, 3 parts de feuilles et de cenelles d'aubépine, 2 parts d'écorce d'angélique épineuse, 1 part de gousse d'ail, $^{1}/_{2}$ part d'enveloppes de poivre de Cayenne.

Posologie Adultes : 1 cuillerée à café (5 ml) quatre fois par jour diluée dans du jus de fruits ou de l'eau. Enfants : pour les plus de 12 ans, dose adulte ; de 7 à 12 ans, la moitié de la dose adulte ; de 3 à 7 ans, un quart de la dose adulte ; pour les moins de 3 ans, 3 gouttes trois à quatre fois par jour.

Le ginkgo et le romarin favorisent l'apport en oxygène au cerveau et, comme l'ail, le poivre de Cayenne et l'angélique épineuse, ils stimulent considérablement la circulation sanguine.

L'aubépine agit sur la circulation comme un bêtabloquant naturel : elle peut, le cas échéant, bloquer ou faire redémarrer la transmission cellulaire vers le cœur. Le ginkgo et l'ail ont tous deux la propriété de fluidifier le sang et d'empêcher ainsi qu'il ne devienne visqueux et forme des caillots.

ATTENTION

Il est recommandé aux femmes enceintes désirant prendre ce mélange de consulter au préalable un médecin généraliste ou un phytothérapeute.

CI-CONTRE ***Activez votre circulation sanguine à l'aide d'une formule à base de ginkgo.***

RADIATION

La radiothérapie est utilisée dans le traitement du cancer et d'autres maladies comme les troubles thyroïdiens. Les fumeurs sont eux aussi soumis à d'importantes radiations. Les personnes prenant souvent l'avion ou travaillant sur des équipements électriques prennent également des risques (*voir* page 20). Le mélange suivant, sous forme de teinture, peut se révéler très utile, car il a la propriété de désintoxiquer l'organisme et d'en éliminer les radiations.

Formule Feuilles de ginkgo, racine de ginseng de Sibérie et bentonite à parts égales. Ajoutez la bentonite juste avant la prise.

Posologie Adultes : 1 cuillerée à café (5 ml) de mélange de ginkgo et de ginseng de Sibérie trois fois par jour. Pour la formule complète, mélangez 1/2 cuillerée à café (2,5 ml) de bentonite à une 1/2 tasse (125 ml) d'eau ou de jus de fruits, et incorporez à la teinture. Buvez immédiatement.

Enfants : pour les plus de 12 ans, dose adulte ; de 7 à 12 ans, la moitié de la dose ; de 3 à 7 ans, un quart de la dose adulte ; pour les moins de 3 ans, 3 gouttes trois à quatre fois par jour.

La bentonite est réputée pour débarrasser le corps des radiations.

REMARQUE

La bentonite n'est pas une plante, mais une matière minérale naturelle. Vous pouvez en trouver dans les magasins de diététique et de produits biologiques.

CI-DESSOUS ***La racine de ginseng de Sibérie et la bentonite aident à débarrasser l'organisme des radiations.***

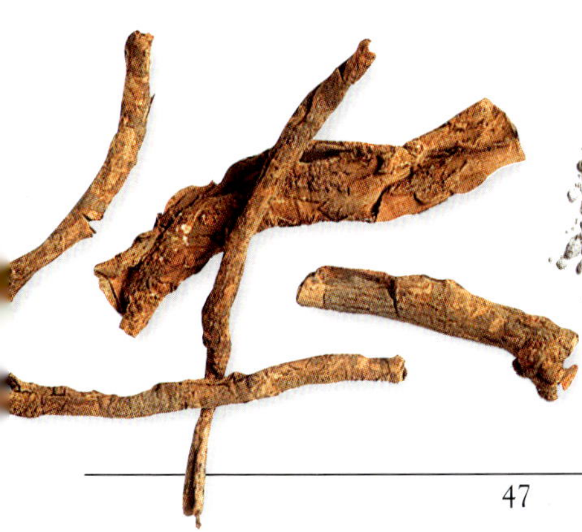

VARICES ET RUPTURES DE CAPILLAIRES

Le mélange suivant, sous forme de teinture, est efficace dans le traitement des problèmes veineux, qu'ils soient héréditaires, liés à la grossesse ou dus à une station debout prolongée. S'ils sont traités à temps, les interventions chirurgicales peuvent être évitées. Si toutefois l'opération a déjà eu lieu et si des veines ont été retirées, cette formule peut soulager considérablement la douleur et prévenir les complications.

Formule 4 parts de feuilles de ginkgo, 3 parts de feuilles de marronnier d'Inde, 1/2 part d'enveloppes de poivre de Cayenne.

Posologie Adultes : 1 cuillerée à café (5 ml) trois fois par jour diluée dans 1/2 tasse (125 ml) de jus de fruits ou d'eau.

Ce mélange aidera le sang à circuler, désobstruera les vaisseaux, rétablira l'élasticité des veines et des capillaires, et maintiendra une bonne circulation là où les excès d'eau auront été éliminés.

REMARQUE

Le marronnier d'Inde, en teinture ou en décoction, peut également être badigeonné sur chacune des veines enflammées de la jambe.

CI-DESSUS *Les feuilles de marronnier d'Inde constituent un excellent remède contre les varices.*

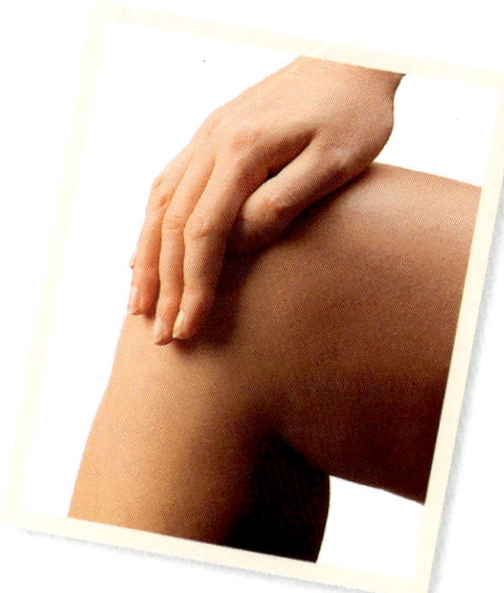

CI-DESSUS *Le marronnier d'Inde calme l'inflammation des tissus situés à proximité des veines touchées.*

FONCTIONS CÉRÉBRALES ET MÉMOIRE

Le mélange suivant, sous forme de teinture, est utile en cas de déclin ou de pertes réversibles de certaines fonctions cérébrales. Il est particulièrement efficace dans le traitement de la dyslexie.

Formule 2 parts de feuilles de ginkgo, 1 part de racine de gotu kola et 1 part d'écorce d'angélique épineuse.

Posologie Adultes : 1 cuillerée à café (5 ml) trois fois par jour. Enfants : pour les plus de 12 ans, dose adulte ; de 7 à 12 ans, la moitié de la dose adulte ; de 3 à 7 ans, un quart de la dose adulte ; pour les moins de 3 ans, 3 gouttes trois à quatre fois par jour.

Le ginkgo active la circulation sanguine dans tout le corps et favorise l'irrigation du cerveau en stimulant l'oxygénation des artères, des veines et des capillaires. Cela peut avoir pour effet d'améliorer la mémoire à court terme. Le ginkgo augmente également la réceptivité des neurotransmetteurs dans le cerveau et leur permet de faire passer les messages et les impulsions plus efficacement.

La racine de gotu kola renforce l'action du ginkgo en apportant calme et clarté d'esprit. Le gotu kola est très apprécié en Inde pour son effet tonique sur le système nerveux. En Occident, cette plante est souvent mélangée au ginkgo, car elle apaise et remet de l'ordre dans l'esprit des personnes qui ont tendance à s'affoler en constatant leurs défaillances.

L'écorce d'angélique épineuse favorise la circulation dans tous les capillaires et ses effets se font sentir presque instantanément, notamment dans le cerveau. Son action à cet endroit se traduit par des idées plus claires et davantage d'assurance.

CI-DESSOUS ***Vous avez l'impression que les choses vous échappent ? Une formule à base de ginkgo peut vous aider.***

Ginkgo - mode d'action

LA COMPOSITION *chimique du ginkgo est unique et constitue la meilleure protection naturelle qui soit. Cet arbre fait preuve d'une résistance remarquable aux radiations, à l'excès ou à l'absence de soleil, à la sécheresse, au gel et aux brouillards urbains. Il parvient même à neutraliser la pollution, ce qui suppose une combinaison hors du commun de substances végétales (qui ne sont pas encore toutes connues).*

CI-CONTRE ***Le ginkgo survit même dans les zones les plus polluées.***

Les principes actifs les plus efficaces du ginkgo sont :

- Le ginkgolide, un flavonoïde qui combat le facteur d'activation des plaquettes (PAF), substance produite par certains globules lorsque le foie et d'autres organes sont malades. Ce dysfonctionnement, dû à un déséquilibre de l'organisme, rend le sang visqueux et a d'autres effets secondaires comme des réactions allergiques se traduisant par des inflammations. On pense que ce phénomène pourrait être dû à la multiplication incontrôlée de certaines bactéries toxiques.
- Les flavonoïdes, qui protègent la plante du rayonnement solaire. En tant qu'antioxydants et destructeurs de radicaux libres, ils exercent une influence protectrice sur la peau et le foie. Les flavonoïdes (pro-anthocyanidines, catéchines et tannins condensés) sont également connus pour protéger le système cardiovasculaire.
- La coumarine, responsable de l'action fluidifiante du ginkgo sur le sang.
- Des gingkolides en petite quantité, dont certains sont à l'origine du goût amer de la plante. De l'avis de certains spécialistes, les ginkgolides seraient les principes les plus intéressants du ginkgo.

CI-CONTRE ***Les composants chimiques du ginkgo assurent une grande protection.***

RECHERCHE

Un article du *Lancet*, vol. 340, a passé en revue plusieurs études sur l'efficacité du ginkgo appliqué à la claudication intermittente (douleur ressentie en marchant), à l'insuffisance cérébrale et à un grand nombre de troubles d'origine vasculaire, dont les acouphènes. La posologie journalière allait de 120 à 160 mg, divisés en plusieurs doses égales prises au moment des repas. La plupart de ces études ont montré que 30 à 70 % des sujets commençaient à présenter des signes d'amélioration entre la 6ème et la 12ème semaine. Aucun effet secondaire majeur n'a pu être constaté et le nombre des effets secondaires mineurs a été quasiment identique à celui des sujets ayant reçu un placebo.

La recherche moderne sur le ginkgo remonte à la fin des années 1950, lorsque le docteur Wilhelm Schwabe de la Schwabe Company en Allemagne de l'Ouest a créé un extrait à partir des feuilles de cet arbre. Le résultat obtenu a conduit à ce qui est aujourd'hui considéré comme le ginkgo standard, un extrait concentré de 24 % de flavoglycosides et de 6 % de terpénoïdes.

En 1988, la maison d'édition allemande Springer-Verlag publie la traduction anglaise d'une série de 36 études sur le ginkgo regroupées sous le titre de *Rokan* (*Ginkgo biloba*). On y trouve notamment un article sur le facteur d'activation des plaquettes (PAF), paru dans *Prostaglandins* (vol. 34, n°5), où l'on apprend qu'un test en double aveugle sur huit sujets a permis de démontrer que le ginkgo « inhibait de manière significative les réponses aux allergènes ».

CI-DESSUS ***Depuis les années 1950, les recherches se multiplient autour du gingko.***

En 1988, le New York Times rapporte que des chercheurs britanniques ont obtenu des résultats positifs en utilisant du ginkgolide B contre l'asthme et les inflammations allergiques, deux affections sensibles au PAF (facteur d'activation des plaquettes, *voir* page 50).

Dans *Drugs of the future* (vol. 12, n°7), le chercheur français Pierre Braquet fait une synthèse des informations relatives au PAF et aux gingkolides, dans laquelle il affirme que ces derniers neutralisent le PAF dans le corps humain.

En 1989, une étude publiée dans le *Journal of Urology* (vol. 141) indique que l'usage à long terme d'extrait de Ginkgo biloba peut être efficace dans le traitement de l'impuissance.

Un rapport publié en 1992 dans *Lancet* affirme que des études *in vitro* (en dehors du corps humain) ont démontré que les propriétés du ginkgo combattent les radicaux libres.

En 1993, Ferrandini, Droy-Lefaix et Christen assurent, dans *Ginkgo biloba extract – EGb 761 – as a Free Radical Scavenger*, que le ginkgo est un antioxydant efficace exerçant une influence favorable sur le cerveau, la rétine et le système cardiovasculaire.

PRINCIPAUX EFFETS

- Aide à ralentir le processus de vieillissement de toutes les cellules du corps.
- Contribue au bon fonctionnement des organes largement composés de tissu conjonctif, comme les yeux, la peau ou les poumons.
- Assure aux vaisseaux sanguins résistance et souplesse, empêche les congestions, favorise l'alimentation des tissus en nutriments et aide l'organisme à se débarrasser des toxines.

CI-DESSOUS ***Le ginkgo améliore la circulation et permet de rester dynamique.***

Table des indications

LE TABLEAU *suivant présente les principales affections pour lesquelles le ginkgo est indiqué, mais ce dernier n'a pas pour but de remplacer les autres formes de traitement. Pensez toujours à consulter un médecin ou tout autre professionnel qualifié avant de commencer un traitement à base de plantes.*

NOM	USAGE INTERNE	USAGE EXTERNE
ARTÉRIOSCLÉROSE	Teinture de feuilles, infusion	
ANGOISSE	Teinture de feuilles, infusion	
ARTHRITE	Teinture de feuilles, infusion	
ASTHME	Teinture de feuilles et de graines, infusion	
BRONCHITE	Teinture de graines, décoction de graines, infusion	
CONVULSIONS	Teinture de feuilles, infusion	
CRAMPES	Teinture de feuilles, infusion	
CANDIDOSE	Teinture de feuilles, infusion	

NOM	USAGE INTERNE	USAGE EXTERNE
ENGELURES	Teinture de feuilles, infusion	Onguent
FRISSONS	Teinture de feuilles, infusion	
PROBLÈMES CIRCULATOIRES (tous types)	Teinture de feuilles, infusion	
CLAUDICATION	Teinture de feuilles, infusion	
RHUMES	Nut tincture, infusion	
CONGESTION (circulation ralentie)	Teinture de feuilles, infusion	
TOUX	Teinture de graines, décoction de graines, infusion	
DÉSORIENTATION	Teinture de feuilles, infusion	
DÉMENCE	Teinture de feuilles, infusion	
DÉPRESSION	Teinture de feuilles, infusion	
ATHÉROSCLÉROSE (durcissement des artères)	Teinture de feuilles, infusion	

NOM	USAGE INTERNE	USAGE EXTERNE
CÉPHALÉE	Teinture de feuilles, infusion	
SPASMES MUSCULAIRES	Teinture de feuilles, infusion	
AMNÉSIE	Teinture de feuilles, infusion	
HYPERTENSION	Teinture de feuilles, infusion	
AIDE À LA NEUROTRANSMISSION	Teinture de feuilles, infusion	
PHLÉBITE	Teinture de feuilles, infusion	
SYNDROME PRÉMENSTRUEL	Teinture de feuilles, infusion	
RHUMATISMES	Teinture de feuilles, infusion	
SÉNILITÉ	Teinture de feuilles, infusion	
ACOUPHÈNES	Teinture de feuilles, infusion	
VARICES	Teinture de feuilles, infusion	Onguent
VERTIGES	Teinture de feuilles, infusion	

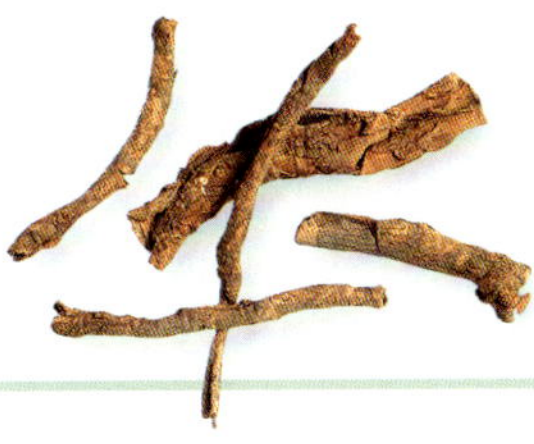

Glossaire

ACOUPHÈNE
Bourdonnements, sifflements ou tintements d'oreilles.

ANTIOXYDANTS
Présents dans les aliments riches en chlorophylle, ils protègent les cellules de l'organisme contre les radicaux libres qui se forment par oxygénation.

APPAREIL UROGÉNITAL
Ensemble anatomique comprenant tous les organes et systèmes des appareils urinaire et reproductif.

ARTÈRES
Vaisseaux portant le sang du cœur aux organes.

CAPILLAIRES
Vaisseaux sanguins extrêmement fins reliant les veines et les artères.

CLAUDICATION
Douleur intermittente provoquant des crampes dans les jambes au cours d'un effort, même modéré.

COLLAGÈNE
Protéine insoluble ; principal composant fibreux des tissus conjonctifs de l'organisme.

DÉMENCE
Trouble mental et comportemental dû à une maladie cérébrale.

DIURÉTIQUE
Se dit d'une substance dont la propriété est d'augmenter la quantité d'urine en favorisant l'excrétion des sels et de l'eau par les reins.

DYSLEXIE
Trouble cérébral se traduisant par une difficulté anormale à lire et à écrire.

FLAVONOÏDES
Composants des végétaux dont les effets sont très variés. Ils sont antiasthmatiques, anti-inflammatoires, antimicrobiens,

antihelminthiques, anticancéreux, antioxydants et antinéoplasiques.

GALACTOGOGUE
Se dit d'une substance qui favorise la sécrétion lactée chez les mères qui allaitent.

GERMINATION
Développement d'une nouvelle plante à partir d'une graine ; apparition des racines primaires et des premières feuilles.

HYPOGLYCÉMIE
Quantité insuffisante de glucose dans le sang.

IMMUNITÉ
Capacité de l'organisme à se défendre contre les corps étrangers (champignons, virus bactéries), et/ou à les neutraliser et les éliminer.

MALADIE DE MÉNIÈRE
Infection de l'oreille interne perturbant l'audition et l'équilibre et donnant lieu à des vertiges, des sifflements et des bourdonnements dans l'oreille.

MASTITE
Inflammation des seins qui survient le plus souvent avant les menstruations et au cours de la grossesse. Les causes de cette inflammation sont diverses (par exemple, déséquilibre hormonal ou infection).

NEUROTRANSMETTEURS
Molécules libérées dans la fente synaptique en réponse à une impulsion nerveuse.

ŒSTROGÈNE
Hormone femelle sécrétée par l'organisme et dont la production diminue avec la ménopause.

RADICAUX LIBRES
Molécules extrêmement réactives qui s'attaquent aux membranes cellulaires, à l'ADN et à d'autres structures cellulaires.

VEINES
Vaisseaux portant le sang des organes vers le cœur.

VERTIGES
Étourdissements s'accompagnant d'une nette impression de mouvement et souvent dus à troubles dans l'oreille.

Bibliographie

BOTANIQUE MÉDICALE,
Vial, Bernard, éditions Similia, 1998.

COMMENT SE SOIGNER AVEC LA MÉDECINE ALTERNATIVE,
éditions De Vecchi, 1997.

GINSENG ET AUTRES PLANTES TONIQUES,
Edde, Gérard,
éditions Dangles, 1984

GUIDE DES THÉRAPEUTIQUES ET DU DÉVELOPPEMENT PERSONNEL,
éditions Cheminements, 1997.

LA RÉVOLUTION SILENCIEUSE DE LA MÉDECINE,
Lévy, Joseph, éditions du Rocher, 1998.

LE GINSENG, RACINE DE LONGUE VIE,
Chomat, Jean-Claude,
éditions Dangles, 1999

LE GRAND LIVRE DES THÉRAPEUTIQUES COMPLÉMENTAIRES,
Albright, Peter,
éditions Soline, 1998.

LE GUIDE COMPLET DES PLANTES POUR SE SOIGNER,
Moatti, Roger ; Musarella, Pau,
éditions du Rocher 1993.

LE LIVRE DES REMÈDES NATURELS,
Albert, Laurence,
éditions De Vecchi, 1998.

LE LIVRE DU GINSENG,
Fulder, Stephen,
éditions G. Trédaniel, 1999

LES ÉLIXIRS DU DOCTEUR BACH,
éditions Québécor, 1998.

LES PLANTES AROMATIQUES ET MÉDICINALES,
Bordas, 1995.

LES RECETTES DE L'HERBORISTE,
éditions Rustica, 1997.

LES VERTUS DES PLANTES,
éditions Ellébore, 1998.

MANUEL DES PLANTES DE SANTÉ,
éditions Table Ronde, 1998.

MANUEL DU NOUVEAU THÉRAPEUTE : HOMÉOPATHIE, PHYTOTHÉRAPIE, OLIGOTHÉRAPIE, NATUROPATHIE,
Dogna, Michel ;
L'Hôte, Anne-Françoise,
éditions Guy Trédaniel, 1998.

NOUVEAU GUIDE DE PHYTOTHÉRAPIE : REMÈDES D'HIER POUR MÉDECINE DE DEMAIN,
Morel, Jean-Pierre,
éditions LGF, 1994.

TRADITIONS ET VERTUS DES PLANTES MÉDICINALES : HISTOIRE DE LA PHARMACOPÉE,
éditions Privat, 1997.

VOTRE CORPS EST VOTRE MEILLEUR MÉDECIN,
Reuter, Liliane, éditions Laffont, 1999.

Adresses utiles

Associations et centres médicaux

Association Avenir Phytothérapie
131 rue Lecourbe
75015 PARIS
Tél. 01 45 31 14 10

Centre de Médecines Naturelles
2 rue Isly
75008 PARIS
Tél. 01 43 87 60 33

Faculté Libre de Médecines Naturelles (F.L.M.N.E.)
4 rue Chapu
75016 PARIS
Tél. 01 42 88 67 73

Principales herboristeries de Paris et de la région parisienne

Essentiel
19 rue Crozatier
75012 PARIS
Tél. 01 44 75 50 01

Grande herboristerie parisienne
87 rue d'Amsterdam
75008 PARIS
Tél. 01 48 74 83 32

Herboristerie d'Hippocrate
42 rue Saint André des Arts
75006 PARIS
Tél. 01 40 51 87 03

Herboristerie du Palais Royal
11 rue des Petits Champs
75001 PARIS
Tél. 01 42 97 54 68

La santé par la nature
60 avenue d'Italie
75013 PARIS
Tél. 01 45 80 16 79

Le comptoir aux Herbes
16 rue Général Galliéni
93100 MONTREUIL
Tél. 01 48 59 84 69
(vente par correspondance également)

Les herbes du Luxembourg
3 rue Médicis
75006 PARIS
Tél. 01 43 26 91 53

L'école des plantes
59 rue Falguière
75015 PARIS
Tél. 01 43 27 78 11

L'herboristerie de Montparnasse
38 rue du Montparnasse
75006 PARIS
Tél. 01 45 48 34 81

Dans la même collection

Aromathérapie

En bonne santé par l'alimentation

Essences florales

Homéopathie

La Beauté naturelle

La cuisine santé

La santé par les plantes

L'Alimentation au fil des saisons

L'Alimentation dissociée

L'Alimentation végétarienne

Le Ginseng

Le Millepertuis

L'Échinacea

Les Biorythmes

Les remèdes de Dame Nature

Massages

Médecine chinoise par les plantes

Médecines douces

Réflexologie

Shiatsu

Technique Alexander

Vitamines & minéraux

Yoga